A bas les chefs !

PAR

Déjacques

Prix

0 fr. 10

Groupe de Propagande par la Brochure

La propagande par la Brochure est une des meilleures propagandes si on peut la faire avec suite.

Le Révolté, La Révolte, Les Temps nouveaux s'y sont employés de leur mieux. A l'heure actuelle, plus de 80 brochures diverses, dont les différents tirages réunis dépassent un million d'exemplaires, ont été lancées par eux.

Malheureusement, les fonds manquent pour pouvoir en imprimer plus souvent de nouvelles, ou réimprimer, lorsque c'est nécessaire, celles qui sont épuisées.

Il s'agit donc de trouver **500** souscripteurs s'engageant à verser chacun **12** fr. par an. Nous serions alors en mesure d'imprimer chaque mois — ou de réimprimer parmi celles épuisées — une nouvelle brochure de **0** fr. **10** ou deux de **0** fr. **05**.

Par contre, voici les avantages que nous offrons aux souscripteurs :

1° A chaque tirage, il leur sera expédié autant d'exemplaires que le comportera le montant de leur souscription calculé avec une remise de 40 o|o, frais d'envoi déduits.

Ce qui leur permettra de s'employer à la propagande, en faisant circuler les brochures parmi ceux qu'ils connaissent, soit en les distribuant eux-mêmes, soit par la poste lorsqu'ils ne voudront pas savoir qu'ils s'intéressent à la propagande ;

2° A chaque souscripteur qui sera libéré de sa souscription, il sera envoyé une lithographie spécialement tirée pour les souscripteurs.

Cette lithographie qui sera demandée à l'un des artistes qui ont déjà donné au journal, ne sera pas mise en vente et vaudra à elle seule, largement, le prix de souscription ;

3° A ceux qui souscriront **15** francs par an, il sera expédié un nombre de brochures dont le montant égalera celui de la souscription, calculé toujours avec une remise de 40 o|o, plus une eau-forte qui, elle aussi, sera tirée spécialement pour eux, et non mise dans le commerce.

Ceux qui savent le prix d'une eau-forte artistique apprécieront le cadeau que nous leur offrons ;

4° A ceux qui souscriront au-dessus de **15** francs, il sera fait cadeau de la lithographie et de l'eau-forte.

Au camarade qui nous trouvera **10** souscripteurs, il sera fait cadeau de la lithographie. — Celui qui en trouvera **20** recevra l'eau-forte.

Les souscriptions peuvent être versées par fractions mensuelles ou trimestrielles, etc., au gré des souscripteurs.

A ceux qui s'engageront mensuellement et qui ne se libéreraient pas de leur promesse, il sera, à la fin du trimestre, adressé un remboursement pour les 3 mois.

Adresser les souscriptions au camarade Ch. BENOIT, 3, rue Bérite, PARIS

N.-B. — En discutant avec des camarades, il est facile de leur glisser une brochure, et de leur arracher deux sous. Les souscripteurs pourront ainsi récupérer le montant de leur souscription, et augmenter leur propagande.

Brochures à l'étude : *Le Militarisme* de D. Neuwenhuis. — *Origines et morale du Christianisme*, de Letourneau. — *La Loi et l'Autorité*, de Kropotkine.

J. DÉJACQUES

A bas les chefs !

Prix : 0 fr. 10

1er Tirage, 10,000 Exemplaires

PARIS

LES TEMPS NOUVEAUX

4, Rue Broca, 4

1912

A bas les chefs !

Nous ne sommes plus au temps fabuleux de Saturne où le père dévorait ses enfants, ni au temps judaïque d'Hérode où l'on massacrait toute une génération de frêles innocents ; ce qui, après tout, n'a pas empêché Jésus d'échapper au massacre et Jupiter à la dévoration. Nous vivons à une époque où l'on ne tue plus guère les enfants par le glaive ou la dent, et où il paraît assez naturel que les jeunes enterrent les vieux. Enterrons donc tout ce qui a fait son temps. Hercule est mort, pourquoi chercher à le ressusciter ? on ne pourrait tout au plus que le galvaniser. La massue est moins forte que l'idée.

A toute idée présente et à venir, salut ! L'autorité a régné si longtemps sur les hommes, elle a tellement pris possession de l'humanité, qu'elle a laissé partout garnison dans son esprit. Aujourd'hui encore, il est difficile, autrement qu'en idée, de la saper de fond en comble. Chacun des civilisés est pour elle une forteresse qui, sous la garde des préjugés, se dresse en ennemie sur le passage de la liberté, cette envahissante amazonne. Ainsi, tels qui se croient révolutionnaires et ne jurent que par la liberté, proclament néanmoins la nécessité de la dictature ; comme si la dictature n'excluait pas la liberté, et la liberté la dictature. Que de grands enfants, à vrai dire, parmi les révolutionnaires ! et de grands enfants qui tiennent à leur dada ; à qui il faut la République démocratique et sociale, sans doute, mais avec un empereur ou un dictateur, ce qui est tout un, pour la gouverner ; gens montés à califourchon, et la face tournée vers la croupe, sur leur carcasse d'âne, et qui, les yeux fixés sur la perspective du progrès, s'en éloignent d'autant plus qu'ils font plus de chemin pour s'en rapprocher, les pieds, dans cette position, galopant du côté opposé au devant de la bête. Ces révolutionnaires-là, politiqueurs au cou pelé, ont conservé, avec l'empreinte du collier, la tache morale de la servitude, le torticolis du despotisme. Hélas ! ils ne sont que trop nombreux parmi nous. Ils se disent républicains, démocrates et socialistes, et ils n'ont de penchant et il n'ont d'amour que pour l'autorité au bras de fer, au front de fer, au cœur de fer ; plus monarchistes en réalité que les monarchiens, qui à côté d'eux pourraient presque passer pour des an...archistes.

La dictature, qu'elle soit une hydre à cent têtes ou à cent queues, qu'elle soit démocratique ou démagogique, ne peut assurément rien pour la liberté ; elle ne peut que perpétuer l'esclavage, au moral comme au physique. Ce n'est pas en enrégimentant un peuples d'ilotes sous un joug de fer, puisque fer il y a, en l'emprisonnant dans un uniforme de volontés proconsulaires, qu'il en peut résulter des hommes intelligents et libres. Tout ce qui n'est pas la liberté est contre la liberté. La liberté n'est pas chose qui puisse s'octroyer. Il n'appartient pas au bon plaisir de quelque personnage ou comité de salut public que ce soit de la décréter, d'en faire largesses. La dictature peut couper des têtes d'hommes, elle ne saurait les faire croître et multiplier ; elle peut transformer les intelligences en cadavres ; elle peut faire ramper et grouiller sous sa botte de verges les esclaves, commes des vers ou des chènilles, les aplatir sous son pas pesant, mais seule la liberté peut leur donner des ailes. Ce n'est que par le travail libre, le travail intellectuel et moral que notre génération, civilisation ou chrysalide, se métamorphosera en vif et brillant papillon, revêtira le type humain et prendra son essor dans l'harmonie,

Bien des gens, je le sais, parlent de la liberté sans la comprendre, ils n'en ont ni la science ni même le sentiment. Ils ne voient jamais dans la démolition de l'autorité régnante qu'une substition de nom ou de personne ; ils n'imaginent pas qu'une société puisse fonctionner sans maîtres ni valets, sans chefs ni soldats ; ils sont pareils, en cela, à ces réacteurs qui disent : « Il y a toujours eu des riches et des pauvres. Il y en aura toujours. Que deviendrait le pauvre sans le riche ? il mourrait de faim. » Les démagogues ne disent pas tout à fait cela, mais ils disent : « Il y a toujours eu des gouvernants et des gouvernés, il y en aura toujours. Que deviendrait le peuple sans gouvernement ? Il croupirait dans l'esclavage ». Tous ces antiquaires-là, les rouges et les blancs, sont un peu compères et compagnons ; l'anarchie, le libertarisme, bouleverse leur misérable entendement, entendement encombré de préjugés ignares, de niaises vanités, de crétinisme. Plagiaires du passé, les révolutionnaires rétrospectifs et rétroactifs, les dictaturistes, les inféodés à la force brutale, tous ces autoritaires cramoisis qui réclament un pouvoir sauveur, croasseront toute leur vie sans trouver ce qu'ils désirent. Semblables aux grenouilles qui demandent un roi, on les voit et on les verra toujours changer leur soliveau pour une grue, le gouvernement de Juillet pour un gouvernement de Février, les massacreurs de Rouen pour les massacreurs de Juin, Cavaignac pour Bonaparte, et demain, s'il se peut, Bonaparte pour Blanqui... S'ils crient un jour : « A bas la garde municipale ! » c'est pour crier l'instant d'après : « Vive la garde mobile ! » Ou bien ils troquent la garde mobile contre la garde impériale, comme ils troqueraient la garde impériale contre *les bataillons révolutionnaires*. Sujets ils étaient, sujets ils sont, sujets ils seront. Ils ne savent ni ce qu'ils veulent ni ce qu'ils font. Ils se plaignent la veille de n'avoir pas l'homme de leur choix, ils se plaignent le lendemain de l'avoir trop. Enfin, à tout moment et à tout propos, ils invoquent l'autorité « au long bec emmanché d'un long cou », et ils trouvent surprenant qu'elle les croque, qu'elle les tue !

Qui se dit révolutionnaire et parle de dictature n'est qu'une dupe ou un fripon, un imbécile ou un traître ; imbécile et dupe, s'il la préconise comme l'auxiliaire de la Révolution sociale, comme un mode de transition du passé au futur, car c'est toujours conjuguer l'autorité à l'indicatif présent ; fripon et traître, s'il ne l'envisage que comme un moyen de prendre place au budget et de jouer au mandataire sur tous les modes et dans tous les temps.

Combien de nains, certes, qui ne demanderaient pas mieux que d'avoir des échasses officielles, un titre, des appointements, une représentation quelconque pour se tirer de la fondrière où patauge le commun des mortels et se donner des airs de géants ! Le commun des mortels sera-t-il toujours assez sot pour fournir un piédestal à ces pygmées ? Faudra-t-il toujours s'entendre dire : « Mais vous parlez de supprimer les élus du suffrage universel, de jeter par les fenêtres la représentation nationale et démocratique, que mettrez-vous à sa place ? Car enfin, il faut bien quelque chose, il faut bien que quelqu'un commande... un comité de salut public, alors ? Vous ne voulez plus d'un empereur, d'un tyran, cela se comprend ; mais qui le remplacera... un dictateur ? car tout le monde ne peut pas se conduire, et il en faut bien un qui se dévoue à gouverner les autres... » Eh ! messieurs ou citoyens, à quoi bon le supprimer, si c'est pour le remplacer ? Ce qu'il faut c'est détruire le mal et non le déplacer. Que m'importe à moi qu'il porte tel nom ou tel autre, qu'il soit ici ou là, si, sous ce masque et sous cette allure, il est encore et toujours en travers de mon chemin ? On supprime un ennemi, on ne le remplace pas. La dictature, la magistrature souveraine, la monarchie, pour bien dire, — car reconnaître que l'autorité, qui est le mal, peut faire le bien, n'est-ce pas se déclarer monarchiste, sanctionner le despotisme, apostasier la Révolution ? Si on leur demande, à ces partisans absolus de la force brutale, à ces prôneurs de l'autorité démagogique et obligatoire, comment ils l'exerceront, de quelle manière ils organiseront ce pouvoir fort, les uns vous répondent, comme feu Marat, qu'ils veulent un dictateur avec les boulets aux pieds et condamné par le peuple à travailler pour le peuple.

D'abord distinguons : ou ce dictateur agira par la volonté du peuple, et alors il ne sera pas réellement dictateur, ce ne sera qu'une cinquième roue à un carrosse, ou bien il sera réellement dictateur, il aura en mains guides et fouet, et il n'agira que d'après son bon plaisir, c'est-à-dire au profit exclusif de sa divine personne. Agir au nom du peuple c'est agir au nom de tout le monde, n'est-ce pas ? Et tout le monde n'est pas scientifiquement, harmoniquement, intelligemment révolutionnaire. Mais j'admets, pour me conformer à la pensée des blanquistes par exemple, — cette queue du carbonarisme, cette franc-maçonnerie ba-bé-bou-viste, ces invisibles d'une nouvelle espèce, cette société d'intelligences... secrètes, — qu'il y a peuple et peuple, le peuple des frères initiés, les disciples du grand achitecte populaire, et le peuple ou tourbe des profanes. Ces affiliés, ces conspirateurs émérites s'entendront-ils toujours entre eux ? Seront-ils toujours d'accord sur toutes les questions et dans toutes leurs sections ? Qu'un décret soit lancé sur la propriété ou sur la famille ou sur quoi que ce soit, les uns le trouveront trop radical, les autres pas assez. Mille poignards, pour lors, se lèveront mille fois par jour contre le forçat dictatorial. Il n'aurait pas deux minutes à vivre celui qui accepterait un pareil rôle. Mais il ne l'acceptera pas sérieusement, il aura sa coterie, tous les hommes de curée qui se serreront autour de lui, et lui feront un bataillon sacré de valets pour avoir les restes de son autorité, les miettes du pouvoir. Alors il pourra peut-être bien ordonner au nom du peuple, je ne dis pas le contraire, mais, à coup sûr, contre le peuple. Il fera fusiller ou déporter tout ce qui aura des velléités libertaires. Comme Charlemagne, ou je ne sais plus quel roi, qui mesurait les hommes à la hauteur de son épée, il fera décapiter toutes les intelligences qui dépasseront son niveau, il proscrira tous les progrès qui tendront plus loin que lui. Il fera comme tous les hommes de salut public, comme les politiques de 93, émules des jésuites de l'Inquisition, il propagera l'abêtissement général, il anéantira l'initiative particulière, il fera la nuit sur le jour naissant, les ténèbres sur l'idée sociale, il nous replongera, mort ou vif, dans le charnier de la civilisation, il fera du peuple, au lieu d'une autonomie intellectuelle et morale, une automatie de chair et d'os, un corps de brutes. Car, pour un dictateur politique comme pour un directeur Jésuite, ce qu'il a de meilleur dans l'homme, ce qu'il y de bon, c'est le cadavre !... D'autres, dans leur rêve de dictature, diffèrent quelque peu de ceux-ci, en ce sens qu'ils ne veulent pas de la dictature d'un seul, d'un Samson uni-tête, mais à mille ou à cent mâchoires de baudet, de la dictature des *petites merveilles* du prolétariat, réputées par elles intelligentes parce qu'elles ont débité un jour ou l'autre quelques banalités en prose ou en vers, qu'elles ont barbouillé leurs noms sur les listes du scrutin ou sur les registres de quelque petite chapelle politico-révolutionnaire ; la dictature enfin des têtes et des bras à poils pour faire concurrence aux Ratapoils et avec mission, comme de juste, d'exterminer les aristocrates ou les philistins. Ils pensent comme les premiers, que le mal n'est pas tant dans les institutions liberticides que dans le choix des hommes tyranniques. Egalitaires de nom, ils sont pour les castes en principe. Et en mettant au pouvoir les ouvriers à la place des bourgeois, ils ne doutent pas que tout soit pour le mieux dans le meilleur des mondes possibles.

Mettre les ouvriers au pouvoir ! En vérité, il faut ne plus se souvenir. N'avons-nous pas eu Albert au gouvernement provisoire ? Est-il possible de voir rien de plus crétin ? Qu'a-t-il été, sinon un plastron ? A l'Assemblée constituante ou législative, nous avons eu les délégués lyonnais ; s'il fallait juger des représentés par les représentants, ce serait un triste échantillon de l'intelligence des ouvriers de Lyon. Paris nous a gratifiés de Nadaud, nature épaisse, intelligence de mortier, qui rêvait la transformation de sa truelle en sceptre présidentiel — l'imbécile ! Puis aussi Corbon, le révérend de l'*Atelier*, et peut-être bien le moins jésuite, car lui, du moins, n'a pas tardé à jeter le masque et à prendre place au milieu et côte à côte des réacteurs.

Tels sur les marches du trône les courtisans sont plus royalistes que le roi, tels sur les degrés de l'autorité officielle ou légale les ouvriers républicains sont plus bourgeois que les bourgeois. Et cela se comprend : l'esclave affranchi et devenu maître exagère toujours les vices du planteur qui l'a éduqué. Il est d'autant plus disposé à abuser du commandement qu'il a été enclin ou forcé à plus de soumission et à plus de bassesse envers ses commandeurs. Un comité dictatorial composé d'ouvriers est certainement ce que l'on pourrait trouver de plus gonflé de suffisance et de nullité et, par conséquent, de plus antirévolutionnaire. Si l'on veut prendre au sérieux le mot de salut public, c'est d'abord, et en toute occasion, d'évincer les ouvriers de toute autorité gouvernementale et ensuite, et toujours, d'évincer le plus possible de la société l'autorité gouvernementale elle-même. (Mieux vaut au pouvoir des ennemis suspects que des amis douteux.)

L'autorité officielle ou légale, de quelque nom qu'on la décore, est toujours mensongère et malfaisante. Il n'y a de vrai et de bienfaisant que l'autorité naturelle ou anarchique. Qui fut autorité en fait et en droit, en 48 ? Est-ce le gouvernement provisoire, la commission exécutive, Cavaignac ou Bonaparte ? Ni l'un ni l'autre. Car s'ils avaient en main la force brutale, ils n'étaient eux-mêmes que des instruments, les rouages engrenés de la réaction ; ils n'étaient donc pas des moteurs, mais des machines. Toutes les autorités gouvernementales, même les plus autocratiques, ne sont que cela. Elles fonctionnent par la volonté d'une faction et au service de cette faction, sauf les accidents d'intrigues, les explosions d'ambition comprimée. La véritable autorité en 48, l'autorité de salut universel ne fut donc pas dans le gouvernement, mais, comme toujours, en dehors du gouvernement, dans l'initiative individuelle : Proudhon fut son plus éminent représentant (je parle dans le peuple et non dans la Chambre). C'est en lui que se personnifia l'agitation révolutionnaire des masses. Et pour cette représentation-là, il n'est besoin ni de titre, ni de mandat légalisés. Son seul titre, il lui venait de son travail, c'était sa science, son génie. Son mandat, il ne le tenait pas des autres, des suffrages arbitraires de la force brute, mais de lui seul, de la conscience et de la spontanéité de sa force intellectuelle. Autorité naturelle et anarchique, il eut toute la part d'influence à laquelle il pouvait prétendre. Et c'est une autorité qui n'a que faire de prétoriens, car elle est la dictature de l'intelligence : elle échauffe et elle vivifie. Sa mission n'est pas de garrotter ni de raccourcir les hommes, mais de les grandir de toute la hauteur de la tête, mais de les développer de toute la force d'expansion de leur nature mentale. Elle ne produit pas, comme l'autre, des esclaves au nom de la liberté publique, elle détruit l'esclavage au nom de l'autorité privée. Elle ne s'impose pas à la plèbe en se crénelant dans un palais, en se cuirassant de mailles de fer, en chevauchant parmi ses archers, comme les barons féodaux — elle s'affirme dans le peuple, comme s'affirment les astres dans le firmament, en rayonnant sur ses satellites !!

Quelle puissance plus grande aurait eue Proudhon, étant gouvernement ? Non seulement il n'en aurait pas eu davantage, mais il en aurait eu beaucoup moins, en supposant même qu'il eût pu conserver au pouvoir ses passions révolutionnaires. Sa puissance lui venant du cerveau, tout ce qui aurait été de nature à porter entrave au travail de son cerveau aurait été une attaque à sa puissance. S'il eût été un dictateur botté et éperonné, armé de pied en cap, investi de l'écharpe et de la cocarde suzeraines, il eût perdu à politiquer avec son entourage tout le temps qu'il a employé à socialiser les masses. Il aurait fait de la réaction au lieu de faire de la révolution. Voyez plutôt le châtelain du Luxembourg, Louis Blanc, le mieux intentionné peut-être de tout le gouvernement provisoire, et cependant le plus perfide, celui qui a tiré les marrons du feu pour la réaction ; qui a livré les ouvriers sermonnés aux bourgeois armés ; qui a fait comme font tous les prédicateurs en soutane où a rubans autoritaires, qui a prêché la charité chrétienne aux pauvres afin de sauver le riche.

Les titres, les mandats gouvernementaux ne sont bons que pour les nullités qui, trop lâches pour être quelque chose par elles-mêmes, veulent paraître. Ils n'ont de raison d'être que pour la raison de ces avortons. L'homme fort, l'homme d'intelligence, l'homme qui est tout par le travail et rien par l'intrigue, l'homme qui est le fils de ses œuvres et non le fils de son père, de son oncle ou de n'importe quel patron, n'a rien à démêler avec ces attributions carnavalesques ; il les méprise il les hait comme un travestissement qui souillerait sa dignité, comme quelque chose d'obscène et d'infamant. L'homme faible, l'homme ignorant, mais qui a le sentiment de l'humanité, doit les redouter aussi : il ne lui faut pour cela qu'un peu de bon sens. Car si toute arlequinade est ridicule, de plus elle est odieuse; c'est quand elle porte latte !

Tout gouvernement dictatorial, qu'il soit entendu au singulier ou au pluriel, tout pouvoir démagogique ne pourrait que retarder l'avénement de la révolution sociale en substituant son initiative, quelle qu'elle fût, sa raison omnipotente, sa volonté civique et forcée à l'initiative anarchique, à la volonté raisonnée, à l'autonomie de chacun. La révolution sociale ne peut se faire que par l'organe de tous individuellement; autrement elle n'est pas la révolution sociale. Ce qu'il faut donc, ce vers quoi il faut tendre, c'est placer tout le monde et chacun dans la possibilité, c'est-à-dire dans la nécessité d'agir, afin que le mouvement, se communiquant de l'un à l'autre, donne et reçoive l'impulsion du progrès et en décuple et en centuple ainsi la force.

Ce qu'il faut enfin, c'est autant de dictateurs qu'il y a d'êtres pensants, hommes ou femmes, dans la société, afin de l'agiter, de l'insurger, de la tirer de son inertie; et non un Loyola à bonnet rouge, un général politique pour discipliner, c'est-à-dire immobiliser les uns et les autres, se poser sur leur poitrine; sur leur cœur, comme un cauchemar, afin d'en étouffer les pulsations ; et sur leur front, sur leur cerveau, comme une instruction obligatoire ou catéchismale, afin d'en torturer l'entendement !

L'autorité gouvernementale, la dictature, qu'elle s'appelle empire ou république, trône ou fauteuil, sauveur de l'ordre ou comité de salut public, qu'elle existe aujourd'hui sous le nom de Bonaparte ou demain sous le nom de Blanqui ; qu'elle sorte de Ham ou de Belle-Isle, qu'elle ait dans ses insignes un aigle ou un lion empaillé... la dictature n'est que le viol de la liberté par la virilité corrompue, par les syphilitiques ; c'est le mal césarien inoculé avec des semences de reproduction dans les organes intellectuels de la génération populaire. Ce n'est pas un baiser d'émancipation, une naturelle et féconde manifestation de la puberté, c'est une fornication de la virginité avec la décrépitude, un attentat aux mœurs, un crime comme d'abus du tuteur envers sa pupille... c'est un humanicide !

Il n'y a qu'une dictature révolutionnaire, qu'une dictature humanitaire : c'est la dictature intellectuelle et morale. Tout le monde n'est-il pas libre d'y participer? Il suffit de le vouloir pour le pouvoir. Point n'est besoin autour d'elle, et pour la faire reconnaître, de bataillons de licteurs ni de trophées de baïonnettes; elle ne marche escortée que de ses libres pensées, elle n'a pour sceptre que son faisceau de lumières. Elle ne fait pas la loi, elle la découvre ; elle n'est pas autorité, elle fait autorité. Elle n'existe que par la volonté du travail et le droit de la science. Qui la nie aujourd'hui l'affirmera demain. Car elle ne commande pas la manœuvre en se boutonnant dans son inertie, comme un colonel de régiment, mais elle ordonne le mouvement en prêchant d'exemple, elle démontre le progrès par le progrès.

Tout le monde au même pas! dit l'une, et c'est la dictature de la force brute, la dictature animale.

— Qui m'aime me suive! dit l'autre, et c'est la dictature de la force intellectualisée, la dictature hominale.

L'une a pour appui tous les hommes bergers, tous les hommes troupeaux, tout ce qui commande et obéit au bercail, tout ce qui est domicilié dans la civilisation.

L'autre a pour elle les individualités faites hommes, les intelligences décivilisées.

L'une est la dernière représentation du paganisme moderne, le soir de clôture définitive, ses adieux au public.

L'autre est le début d'une ère nouvelle, son entrée en scène, le triomphe du socialisme.

L'une est si vieille qu'elle touche à la tombe ; l'autre est si jeune qu'elle touche au berceau.

— Vieille ! c'est la loi, — il faut mourir !

— C'est la loi de nature, enfant ! — tu grandiras !!

J. DÉJACQUES.

Article : *Les Dictatures providentielles*, paru dans *Le Libertaire* du 7 avril 1859.

L'Autorité et la Paresse

... En anarchie, la consommation s'alimente d'elle-même par la production. Un humanisphérien ne comprendrait pas davantage qu'on forçât un homme à travailler, qu'il ne comprendrait qu'on le forçât à manger. Le besoin de travailler est aussi impérieux chez l'homme naturel que le besoin de manger. L'homme n'est pas tout ventre, il a des bras, un cerveau, et, apparemment, c'est pour les faire fonctionner. Le travail manuel et intellectuel, est la nourriture qui les fait vivre. Si l'homme n'avait pour tout besoin que les besoins de la bouche et du ventre, ce ne serait plus un homme, mais une huître et alors, à la place de ses mains, attributs de son intelligence, la nature lui aurait donné, comme un mollusque, deux écailles. — Et la paresse! la paresse! me criez-vous, ô civilisés? La paresse n'est pas la fille de la liberté et du génie humain, mais de l'esclavage et de la civilisation ; c'est quelque chose d'immonde et de contre nature que l'on ne peut rencontrer que dans les vieilles et modernes Sodomes. La paresse, c'est une débauche du bras, un engourdissement de l'esprit. La paresse, ce n'est pas une jouissance, c'est une gangrène et une paralysie. Les sociétés caduques, les mondes vieillards, les civilisations corrompues peuvent seuls produire et propager de pareils fléaux. Les humanisphériens, eux, satisfont naturellement au besoin d'exercice du bras comme au besoin d'exercice du ventre. Il n'est pas plus possible de rationner l'appétit de la production que l'appétit de la consommation. C'est à chacun de consommer et de produire selon ses forces, selon ses besoins. En courbant tous les hommes sous une rétribution uniforme, on affamerait les uns et l'on ferait mourir d'indigestion les autres. L'individu seul est capable de savoir la dose de labeur que son estomac, son cerveau ou sa main peut digérer. On rationne un cheval à l'écurie, le maître octroie à l'animal domestique telle ou telle nourriture. Mais, en liberté, l'animal se rationne lui-même, et son instinct lui offre, mieux que le maître, ce qui convient à son tempérament. Les animaux indomptés ne connaissent guère la maladie. Ayant tout à profusion, ils ne se battent pas non plus entre eux pour s'arracher un brin d'herbe. Ils savent que la sauvage prairie produit plus de pâture qu'ils n'en peuvent brouter, et ils la tondent en paix les uns à côté des autres. Pourquoi les hommes se battraient-ils pour s'arracher la consommation quand la production, par les forces mécaniques, fournit au delà de leurs besoins ?

— L'autorité, c'est la paresse.

— La liberté, c'est le travail.

L'esclave seul est paresseux, riche ou pauvre : — le riche, esclave des préjugés, de la fausse science ; le pauvre, esclave de l'ignorance et des préjugés, — tous deux esclaves de la loi, l'un pour la subir, l'autre pour l'imposer. Ne serait-ce pas se suicider que de vouer à l'inertie ses facultés productives ? L'homme inerte n'est pas un homme, il est moins qu'une brute, car la brute agit dans la mesure de ses moyens, elle obéit à son instinct. Quiconque possède une parcelle d'intelligence ne peut moins faire que de lui obéir, et l'intelligence ce n'est pas l'oisiveté, c'est le mouvement fécondateur, c'est le progrès. L'intelligence de l'homme c'est son instinct, et cet instinct lui dit sans cesse : Travaille ; mets la main comme le front à l'œuvre ; produis et découvre ; les productions et les découvertes, c'est la liberté. Celui qui ne travaille pas ne jouit pas. Le travail, c'est la vie. La paresse, c'est la mort. — Meurs ou travaille !

Joseph Déjacques (1).

De l'Humanisphère, publié par *Le Libertaire* n° 12, 7 avril 1859,

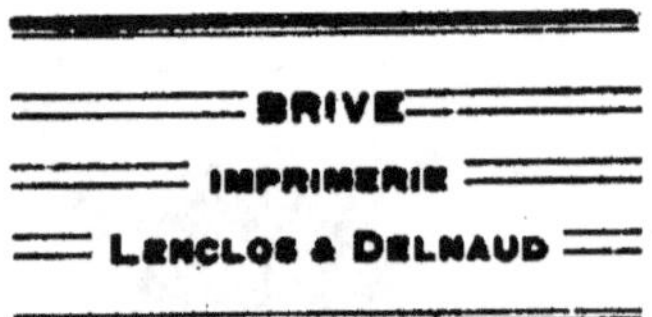
BRIVE
IMPRIMERIE
LENCLOS & DELNAUD

LECTURES POUR ENFANTS

Tous les livres de lecture pour enfants sont entachés de fausse morale religieuse ou bourgeoise. Nous avons cherché, dans la littérature de divers pays, les contes qui pouvaient amuser sans fausser l'esprit et, à cette heure, nous avons en vente trois volumes de contes choisis intitulés le **Coin des Enfants,** *1re, 2e et 3e séries, contenant des illustrations de Hermann-Paul, Kupka, Delannoy, Hénault, Iribe, Willaume, M. H. T. Delaw, et de Roëck.*

Chaque volume : 3 francs
Les trois ensemble : 7 fr. 50
Nous en préparons une 4e série

BIBLIOTHÈQUE DOCUMENTAIRE

Tous ceux qui exècrent la GUERRE,
Tous ceux qui ont la haine du MILITARISME, **doivent lire :**

Guerre-Militarisme
Patriotisme-Colonisation

Recueils de tout ce que les écrivains les plus en vue, de toutes les époques, ont écrit contre la GUERRE et tous les maux qu'elle engendre.

Belle édition sur papier glacé, avec illustrations de Luce, Hermann-Paul, Steinlen, etc., etc. Édité à **9 francs** l'exemplaire, nous laissons chaque volume à **5 francs** pour remplacer l'édition de propagande épuisée.

TERRE LIBRE
Par J. GRAVE. Illustration de M. H. T.

Dans ce conte, écrit pour la « Escuela Moderna » de Ferrer, l'auteur a tenté de donner un aperçu de ce que pouvait être, dans une société égalitaire, l'organisation du travail.

Prix de l'exemplaire : 3 francs

Les « **TEMPS NOUVEAUX** » Paraissant tous les 8 jours avec un Supplément littéraire.
10 cent. le numéro — Administration : **4, rue Broca**

ABONNEMENT : France, un an, **6 fr.** ; Extérieur, **8 fr.**

En Vente aux « TEMPS NOUVEAUX »

www.ingramcontent.com/pod-product-compliance
Lightning Source LLC
Chambersburg PA
CBHW051301050726
47595CB00008B/3361